BEI GRIN MACHT SICH IHR WISSEN BEZAHLT

- Wir veröffentlichen Ihre Hausarbeit,
  Bachelor- und Masterarbeit

- Ihr eigenes eBook und Buch -
  weltweit in allen wichtigen Shops

- Verdienen Sie an jedem Verkauf

Jetzt bei www.GRIN.com hochladen
und kostenlos publizieren

Bibliografische Information der Deutschen Nationalbibliothek:

Die Deutsche Bibliothek verzeichnet diese Publikation in der Deutschen National-
bibliografie; detaillierte bibliografische Daten sind im Internet über http://dnb.d-
nb.de/ abrufbar.

Impressum:

Copyright © 2017 GRIN Verlag, Open Publishing GmbH
Druck und Bindung: Books on Demand GmbH, Norderstedt Germany
ISBN: 9783668510166

Dieses Buch bei GRIN:

http://www.grin.com/de/e-book/372180/gruppentraining-planung-einer-wirbelsaeu-
lengymnastik

Anonym

Gruppentraining. Planung einer Wirbelsäulengymnastik

GRIN Verlag

GRIN - Your knowledge has value

Der GRIN Verlag publiziert seit 1998 wissenschaftliche Arbeiten von Studenten, Hochschullehrern und anderen Akademikern als eBook und gedrucktes Buch. Die Verlagswebsite www.grin.com ist die ideale Plattform zur Veröffentlichung von Hausarbeiten, Abschlussarbeiten, wissenschaftlichen Aufsätzen, Dissertationen und Fachbüchern.

Besuchen Sie uns im Internet:

http://www.grin.com/

http://www.facebook.com/grincom

http://www.twitter.com/grin_com

Inhaltsverzeichnis

1. Motorische Fähigkeiten im Kursbereich

1.1 Kraft

„**Kraftfähigkeit** ist die konditionelle Basis für Muskelleistungen mit Krafteinsätzen, deren Werte über 30 Prozent der jeweils individuell realisierbaren Maxima liegen" (Martin, Carl & Lehnertz, 1993, S. 102).

Erscheinungsformen der Kraft sind die Maximalkraft, die Schnellkraft und die Kraftausdauer.

Die Maximalkraft:

„Die Maximalkraft ist die höchstmögliche realisierbare Kraft, die das Nerv-Muskel-System bei maximaler willkürlicher Kontraktion auszuüben vermag" (Martin et al., 1993, S. 103).

Die Schnellkraft:

„Schnellkraft ist die Fähigkeit, innerhalb kürzester Zeit einen möglichst hohen Kraftstoß zu realisieren" (Martin et al., 1993, S.104).

Die Kraftausdauer:

„Die Kraftausdauer charakterisiert die Widerstandsfähigkeit gegen Ermüdung bei statischer oder dynamischer Arbeitsweise der Muskulatur gegen höhere Lasten (mehr als 30 Prozent der Maximalkraft). Die Kraftausdauer kennzeichnet damit die Fähigkeit, den Kraftverlust bei einer bestimmten Wiederholungsanzahl von Kraftstößen innerhalb eines be- stimmten Zeitraums möglichst gering zu halten" (Martin et al., 1993, S. 107-108).

Beispiel 1: Die halbe Kniebeuge 45° mit hüftbreiter Fußstellung (Anfängerübung)
Primär beanspruchte Muskulatur: m. gluteus maximus, m. quadriceps femoris
Ausgangsposition:
Merkmale sind eine symmetrische Haltung, leicht gebeugte Knie, neutrale Beckenstellung sowie leichte Bauchspannung, Schulterblätter sind nach hinten und unten gezogen und das Brustbein ist bewusst aufgerichtet.
Die Bewegung läuft folgendermaßen ab, in dem man das Kniegelenk bis 45° beugt und das Gesäß nach dorsal bewegt. Mit Erreichen der Gradzahl gelangt man in die Endposition.
Bei der exzentrischen Arbeitsweise atmet man ein und bei der konzentrischen Arbeitsweise wieder ein. Schwerer könnte man die Übung gestalten, in dem man ein Zusatzgewicht über Kopf nimmt und/oder bis zur 90° Beugung im Kniegelenk geht oder in die tiefe Kniebeuge.
Die Knie sind stets hinter den Fußspitzen.
Die Wiederholungszahl beträgt 20 bei einer dynamischen Arbeitsweise und die Satzzahl

vier. Das Bewegungstempo beträgt jeweils für die exzentrische und konzentrische Phase 2 Sekunden.

Trainiert wird im Kraftausdauerbereich (15-30 Wdh.)

Beispiel 2: Unterarmstütz (statisch) (leicht fortgeschritten)

Primär beanspruchte Muskulatur: m. rectus abdominis, m. obliquus externus, m. abdominis transversus, m. obliquus internus, m. quadriceps femoris

Ausgangsposition: Rückengerecht (bedeutet über den leichten Ausfallschritt bringen wir erst ein Knie auf den Boden, dann das andere und beugen den Oberkörper zum Vierfüßlerstand) begeben wir uns in den Vierfüßlerstand.

Merkmale sind eine neutrale Beckenstellung, fixierte Schultergelenke, Knie und Füße sind hüftbreit und nun werden die Füße nach hinten gesetzt sodass die Kniegelenke durchgestreckt sind. Jetzt wird der Bauchnabel aktiv Richtung Wirbelsäule gezogen und die Gesäßmuskulatur angespannt.

Das ganze wird statisch gehalten sodass die Endposition der Anfangsposition entspricht.

Nach 90 Sekunden statisch halten setzen werden die Knie langsam auf den Boden abgesetzt.

Die Wiederholungszahl beträgt hier 90 Sekunden bei einer isometrischen Muskelkontraktion, da leicht fortgeschrittene Teilnehmer im Kurs sind und es werden 3 Sätze absolviert.

Trainiert wird auch hier die Kraftausdauer allerdings in einer statischen Arbeitsweise.

1.2 Ausdauer

„Ausdauer ist die Fähigkeit, physisch und psychisch lange einer Belastung zu widerstehen, deren Intensität und Dauer letztendlich zu einer unüberwindbaren (manifesten) Ermüdung (= Leistungseinbuße) führt, und/oder sich nach physischen und psychischen Belastungen rasch zu regenerieren" (Zintl, 1997, S. 28).

Hinsichtlich der Präzisierung wird die Ausdauer in allgemeine vs. lokale Ausdauer, aerobe vs. anaerobe Ausdauer, statische vs. dynamische Ausdauer und Kurzzeit-, Mittelzeit- und Langzeitausdauer, untergliedert.

Allgemeine und lokale Ausdauer:

Wird mehr als ein Sechstel der gesamten Muskelmasse eingesetzt, spricht man von einer allgemeinen Ausdauer. Falls die Größe der eingesetzten Muskulatur weniger als ein Sechstel beträgt z.B. „Kurzhantel-Curls" spricht man von einer lokalen Ausdauerbelastung (siehe Definition der motorischen Fähigkeit Kraft/ Kraftausdauer). Unterschieden wird deshalb, da die Anpassung des Herz-Kreislauf-Systems auf die lokale Ausdauer äußerst gering ist.

Aerobe und anaerobe Ausdauer: Unterteilt wird hier in aerobe (=sauerstoffabhängige) und anaerobe (=sauerstoffunabhängige) Ausdauer unterteilt. Unterschieden wird also bezüglich der Energiebereitstellung. Geschieht diese also ohne Sauerstoff, da die Belastungsintensität zu hoch ist, entsteht Laktat, wodurch die Belastung nicht lange durchgestanden werden kann. Ein Beispiel hierfür wäre zum Beispiel ein Sprint. Ist die Belastungsintensität vergleichsweise niedrig, steht den Muskelzellen genügend Sauerstoff zur Verfügung, womit die Belastung länger aufrechterhalten werden kann. Ein Beispiel hierfür ist ein moderater Dauerlauf.

Statische und dynamische Ausdauer:

Bei der statischen Ausdauer ist die Arbeitsweise statisch und somit isometrische Haltearbeit. Dabei wird die Muskellänge nicht verändert. Mit zunehmender Muskelspannung nimmt die Muskeldurchblutung ab und ab 15% der Kraftbeanspruchung kann die Energiebereitstellung der Zelle nicht mehr allein aerob erfolgen. Durch den Wechsel von Spannung und Entspannung bei der dynamischen Arbeitsweise erfolgt eine bessere Durchblutung des Muskels. Dadurch ist eine aerobe Energiebereitstellung auch noch bei stärkeren Muskelspannungen möglich.

Kurz-, Mittel- und Langzeitausdauer

„Der Bereich der allgemeinen aeroben dynamischen Ausdauer wird in die sogenannte Kurzzeitausdauer (Belastungsdauer zwischen 35 und 120 Sekunden), Mittelzeitausdauer (Belastungen zwischen zwei und zehn Minuten) und Langzeitausdauer (Belastungen zwischen zehn und 90 Minuten) unterteilt. Die Langzeitausdauer wird dabei von manchen Autoren noch in drei weitere Teilbereiche (LZA I–III) untergliedert.", zitiert nach Eifler, 2016, S. 27.

Indoor Cycling: Bei diesem Kurs wird das Radfahren mit Hilfe von stationären und individuell einstellbaren Fahrrädern simuliert. Der Widerstand lässt sich hierbei über ein Rädchen jederzeit selbst einstellen und regulieren. Hier wird kaum die Koordination beansprucht, sodass sich der Trainierende voll und ganz auf die Ausdauerleistung und somit der Herz-Kreislauf-Tätigkeit konzentrieren kann. Je nach Kursstufe (Anfänger bis Fortgeschrittene) geht der Kus meist 60-90 oder sogar 120 Minuten. Des Weiteren ist es sinnvoll mit einem Pulsmessgerät ausgestattet zu sein, um sein Training noch spezieller an einen selbst anpassen zu können. Da es hier keine Pausen, in denen man von dem Fahrrad absteigt, gibt, befindet man hier sich im Bereich der Langzeitausdauer. Die Verbesserung der aeroben und anaeroben Ausdauerleistungsfähigkeit steht hier im Vordergrund. Da hier die Belastung vorwiegend über die Betätigung der Beine erfolgt, geschieht dies in dynamischer Arbeitsweise. Da hier mehr als 1/6 der Muskulatur genutzt wird, spricht man von der allgemeinen Ausdauer.

Step Aerobic: Bei diesem Kurs wird sowohl die Koordination, die Kräftigung der Beine und des Gesäßes, trainiert, als auch die Ausdauerleistung verbessert. Step Aerobic ist ein aerobes Herz-Kreislauf-Training, bei dem die Teilnehmer von leichten Bewegungen hin zu komple-xeren Bewegungen agieren. Wie der Name schon sagt, wird hier das „Step", eine in der Hö-he verstellbare Plattform genutzt und auf – und abgestiegen. Das Ganze geschieht zum Rhythmus der Musik und ist ein aerobes Herz-Kreislauf-Training.

Je nach Kursstufe (Anfänger bis Fortgeschrittener) da der Kurs meist mindestens eine Stun-de geht, werden hier Mittelzeit- und Langzeitausdauer trainiert, wobei es in einem Kurs auch wenige Unterbrechungen bzw. Trinkpausen geben kann. Konkrete Schritte wären hierbei der „Side to Side" und der „Step Touch". Bei Step Aerobic wird die allgemeine Ausdauer, sowie vorwiegend aerob und dynamisch trainiert.

1.3   Beweglichkeit

Eine Definition kann wie folgt lauten:

„Beweglichkeit ist die Fähigkeit, Bewegungen willkürlich und gezielt mit der erforderlichen bzw. optimalen Schwingungsweite der beteiligten Gelenke ausführen zu können" (Martin et al., 1993, S. 214).

Faktoren, die die Beweglichkeit einschränken sind: Alter, Geschlecht, Dehnfähigkeit, Ge-lenkigkeit, Kraftfähigkeit, Tageszeit und die Temperatur der Muskulatur als auch der Um-gebung.

Beispiel 1. Dehnübung: Um in die Ausgangsposition der gewählten Dehnübung (Dehnung Oberschenkelrückseite liegend), kommt man rückengerecht in den Vierfüßlerstand und legt sich auf den Rücken. Ein Bein ist auf dem Boden abgelegt und ausgestreckt und die Hüfte bzw. das Becken bleiben auf dem Boden fixiert. Dann winkelt man das andere Bein je nach Beweglichkeitsgrad auf 90° oder darüber hinaus, im Hüftgelenk an und dehnt über das Kniegelenk, indem man das Bein streckt. Die Dehnform ist hier aktiv, da die antagonistische Muskulatur aktiv kontrahieren muss. Es geschieht keine Bewegung während der Dehnung, womit die Arbeitsweise statisch ist. Dies findet meist im Schlussteil des Kurses statt.

Beispiel 2. Dehnübung: (Dehnung Oberschenkelvorderseite im Stand)Die Ausgangsposition findet im Einbeinstand statt, wobei das Standbein leicht gebeugt ist, das Becken und das Brustbein sind aufgerichtet. Eine Hand greift das freie Bein am Schienbein und beugt es im Kniegelenk soweit es geht in Richtung des Gesäßes. Auch hier wird statisch gedehnt und die

Dehnform ist hier passiv. Auch diese Übung findet meist im Schlussteil des Kurses statt. In beiden Beispielen gilt, dass man mit der Ausatmung noch etwas mehr in die Dehnung geht. Und in beiden Beispielen wird jedes Bein abwechselnd gedehnt und pro Bein 3 Sätze mit jeweils 20 Sekunden Dehndauer ausgeübt.

1.4   Koordination

Eine Definition kann wie folgt lauten:

„Aus neuromuskulärer Sicht bezeichnet Koordination das Zusammen- wirken von Zentralnervensystem und Skelettmuskulatur innerhalb eines gezielten Bewegungsablaufes" (Hollmann & Hettinger, 1990, S. 143).

Abb.1 stellt die Unterschiede zwischen intra- und intermuskulärer Koordination dar.

Intramuskuläre Koordination	Intermuskuläre Koordination
Zusammenspiel von Nerv und Muskelfasern innerhalb eines Muskels bei einer Bewegung	Zusammenspiel von verschiedenen beteiligten Muskeln bei einer Bewegung

Abb.1 (Eigene Darstellung)

Agonisten, Synergisten und Antagonisten wirken bei einem Bewegungsablauf zusammen. Wenn man dieses Zusammenspiel verbessern möchte, nennt es sich intermuskuläre Koordination. Diese wird zum Beispiel bei einer Kniebeuge trainiert. Hier optimiert man hauptsächlich das Zusammenspiel zwischen folgenden Muskeln: M. quadriceps femoris, M. glutaeus maximus, Mm. Ischiocrurales u.a. Ziel ist es hier einen größeren Kraftstoß zu generieren. Konkret wäre hier die richtige Ausgangsposition zu beschreiben, die mit einem hüftbreitem Stand beginnt, leicht gebeugte Knie, ein aufgerichtetes Brustbein, die Schultern sind nach hinten unten gezogen und mit dem de Kopf in Verlängerung der Wirbelsäule endet. Bei der Ausführung wird das Knie bis zu 90° gebeugt (siehe 1.1 Beispiel 1 für Variationen), wobei darauf zu achten ist, dass das Knie sich nicht über die Fußspitze schiebt. Endposition ist gleich Ausgansposition.

Ein weiteres Beispiel ist das „Kreuzheben". Auch hier wird man intermuskulär gefordert, da primär die Gesäßmuskulatur, die Oberschenkelrückseite sowie der Rückenstrecker und die Griffkraft(falls Zusatzgewicht) trainiert wird. Das Beispiel hier ist mit Zusatzgewicht, vorzugsweise eine Stange mit Hantelscheiben an beiden Seiten. Letztere wird vom Boden auf-gehoben. Sprich die Ausgangsposition beinhaltet: Hüftbreiter bis schulterbreiter Stand, leicht bis stark gebeugte Knie, sodass man mit geradem Rücken die Stange schulterbreit bzw. etwas weiter als schulterbreit greifen kann. Eine Hand greift im Ober- und eine im Un-tergriff, sodass die Stange etwas mehr gesichert ist und weniger leicht aus den Fingern rut-schen kann. Der Kopf ist in Verlängerung der Wirbelsäule und die Schulterblätter nach hin-ten unten gezogen. Der Rumpf ist aktiv angespannt, bzw. der Bauchnabel Richtung Wirbel-säule gezogen. Mit der Ausführung wird die Stange angehoben und so eng wie möglich am Körper hochgezogen. Die Arme bleiben gestreckt, sodass die Last auf o.g. Muskulatur liegt. Wenn der Oberkörper aufgerichtet ist, geht es langsam wieder zurück Richtung Boden. Das Gewicht wird während dem Satz nicht abgelegt.

Bei beiden Übungen ist die Wiederholungszahl >8 sodass mehr die intermuskuläre Koordi-nation und weniger die intramuskuläre Koordination trainiert wird. Ausgeatmet wird bei der konzentrischen Belastung und eingeatmet bei der exzentrischen Belastung. Beide Phasen sollen jeweils 2 Sekunden dauern. Isometrisch wird 1 Sekunde gehalten.

Beide Übungen finden Anwendung in verschiedenen Kursen wie Body Pump (lizensiert), Langhanteltraining etc.

2. Externe Bedingungen einer Kurseinheit

2.1 Rahmenbedingungen

Beispiel 1: Man sollte die Teilnehmerzahl mit der Checkinzahl abgleichen, sodass man keinen Kurs in der Mittagszeit plant, wenn wenige Kunden zum Training kommen und deswegen wahrscheinlich der Kurs schlecht besucht sein wird.

Beispiel 2: Der Raum sollte keine Säulen, Schrägen o.ä. haben, womit die Verletzungsgefahr erhöht wird, falls jemand dagegen läuft bzw. fällt oder jemand Großes sich den Kopf anschlagen kann.

2.2 Zielgruppe

Beispiel 1: Trainiere ich mit Leistungssportlern oder Risikosportlern, welche Probleme mit Bluthochdruck, Stress o.s. haben. Entweder ich unterbelaste oder überbelaste mein Clientel. Die Vermischung von Beiden sollte im Vorfeld anhand von Leistungsstufen o.ä. vermieden werden.

Beispiel 2: Kleingeräte und Raumgröße sollten der Gruppengröße angepasst sein. Beispiel hierbei wäre ein Indoor Cycling Kurs mit 20 Rädern, doch 25 Leute haben sich angemeldet. 5 Kunden gehen leer aus.

2.3 Zielsetzung

Beispiel 1: Ist die Zielsetzung des Kurses eine Langfristige, ist es wichtig denselben Kurs über längere Zeit z.B. drei Monate mehrmals die Wochen anzubieten und pro Kurseinheit eine Progression hinsichtlich der motorischen Fähigkeiten (je nach Schwerpunkt) zu setzen.

Beispiel 2: Der Inhalt ist stark von der Zielsetzung abhängig, weswegen Warm-up und Cooldown auf den Hauptteil abgestimmt werden sollten, sodass beispielsweise im Warm-up nicht nur Hüft- und Kniegelenk mobilisiert werden sondern auch die Wirbelsäule und das Schultergelenk, wenn im Hauptteil Kräftigungsübungen letzterer Partien zur Anwendung kommen.

3. Kursplananalyse

Nachfolgend ist ein Kursplan, in Abbildung 2 abgebildet.

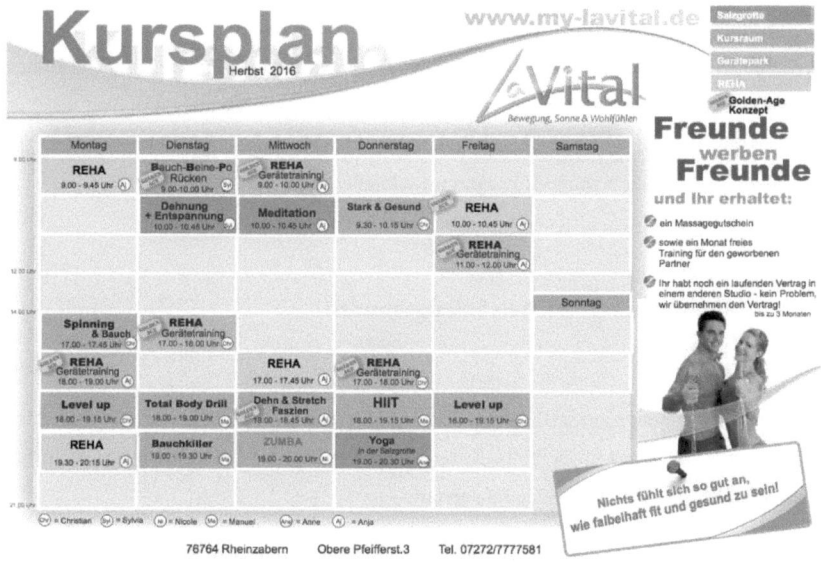

Abb. 2 Kursplan von La Vital 76764 Rheinzabern

1. (organisatorischer Sicht) Positiv und negativ : Sowohl als positiv als auch negativ ist zu nennen, dass die Trainer des jeweiligen Kurses angeschrieben sind. Positiv, da man sich als Kunde vielleicht auf den Trainer freut und mit ihm etwas Besonderes verbindet etc. aber auch negativ, falls der Trainer kurzfristig ausfällt und ein Ersatz die Freude dämpfen kann.

2. (organisatorischer Sicht) Die Zeitspanne „Herbst 2016" ist zu ungenau. Man weiß nicht, wann der neue Plan kommt bzw. bis wann der „Herbst-Plan" gilt.

3. (organisatorischer Sicht) Golden-Age Konzept ist auf dem Kursplan nicht erklärt. Man bräuchte dann Hintergrundinformation um dies zu verstehen.

4. (wirtschaftlicher Sicht) Obwohl der Kurs im gleichen Raum stattfindet (grün) gibt es manchen Tagen (z.B. Dienstag zwischen „Total Body Drill" und „Bauchkiller") keine Pausen, um abzubauen, aufzubauen und die Leute raus bzw. reinzulassen. Es sind zwar jetzt keine Indoor Cycling Räder weg- oder hinzustellen, aber zumindest vielleicht Langhanteln wegzuräumen und Matten etc. hinzulegen. Sprich der Kurs „Bauchkiller" wird wohl nicht oft pünktlich um 19 Uhr beginnen können.

9

5. (wirtschaftlicher Sicht) Der einzig klar erkennbare separate Kursraum ist in der Legende der „Kursraum (grün). Es ist nicht bekannt, inwieweit der Kursraum genutzt wird, wenn kein Kurs stattfindet. Auch finden am Wochenende gar keine Kurse statt. Der Raum selbst bzw. die Miete und die Reinigung für diesen Raum fällt aber ja trotzdem an, weswegen die Auslastung als nicht rentabel oder zumindest als „schlechte Auslastung" deklariert werden kann.

6. (trainingswissenschaftlicher Sicht) Einige Kurse werden maximal einmal die Woche angeboten, was eine schlechte Anpassung bzw. Trainingsfrequenz für den Kunden bedeutet. Kurse wie „Level up" oder „Spinning & Bauch" geben schlechte Auskunft über den Inhalt des Kurses. Ebenso sind keine klaren Leistungsstufen bis auf die Bezeichnung „Reha" erkennbar, was auf ein moderates Programm schließen lässt.

4.   Planung einer Wirbelsäulengymnasti

4.1   Zielgruppe

Festlegung der Zielgruppe: 10 fortgeschrittene, fitnesserfahrene Teilnehmer, Männer und Frauen, die Altersspanne der 12 Teilnehmer geht von 20-35 Jahren, es wurden schon 8 Einheiten WS-Gymnastik von jedem absolviert.

4.2   Material

Festlegung des eingesetzten Materials: Gymnastikmatten, (Kurzhanteln 2 Stück pro Teilnehmer 1-5 kg je nach Kraftlevel), von der Decke hängende Gymnastikringe (2 Stück pro Teilnehmer)

4.3   Stundenplanung

Hinweis: Der Kurs findet barfuß statt oder maximal in Socken (bezüglich Wahrnehmung, Sensorik, Propriozeption)

Alle Übungen werden kontrolliert und unter Beachtung von Grundhaltungen wie: Kopf in Verlängerung der Wirbelsäule, Brustbein gehoben, leicht gebeugte Knie, Grundspannung des gesamten Körpers, ausgeführt. Durch die Nase wird eingeatmet und durch den Mund aus.Auch dürfen bei allen Übungen die Augen geschlossen werden um somit die Wahrnehmung zu erhöhen und den visuellen Bereich auszuschalten um sich besser auf die Übungsausführung zu konzentrieren. Zu beachten gilt allerdings, dass die Schwierigkeit der Übung damit zunehmen kann (z.B. siehe Einbeinstand im Hauptteil des Kurses).

Phase: allgemeines Warmup (3 Minuten)

Ziel der Übung	Übungsbezeichnung/Name der Übung	Übungsbeschreibung	Belastungsgefüge	Bemerkungen/Hinweise
Mentale Vorbereitung, Körpererwärmung, Gelenkflüssigkeit bilden	March	Marschieren auf der Stelle, Arme gehen mit	Ca. 36 Sekunden	Fließender Übergang in die nächste Übung
Mentale Vorbereitung, Körpererwärmung, Gelenkflüssigkeit bilden	March Out	Spielbein wird nach außen gestellt, das Standbein angehoben und wieder abgesetzt, dann das Spielbein wieder zum Standbein herangezogen und abgestellt. Gleich darauf wird das Standbein nochmals angehoben und neu aufgesetzt	Ca. 36 Sekunden	Fließender Übergang in die nächste Übung
Mentale Vorbereitung, Körpererwärmung, Gelenkflüssigkeit bilden	Straddle	Startposition in der Grundstellung. Dann werden die Beine im Wechsel nach außen gesetzt und wieder zurück in die Grundstellung	Ca. 36 Sekunden	Fließender Übergang in die nächste Übung
Mentale Vorbereitung, Körpererwärmung, Gelenkflüssigkeit bilden	Leg Curl mit Butterfly der Arme	Spielbein wird durch Beugung des Kniegelenks Richtung Gesäß bewegt. Dabei wird der Unterschenkel ungefähr bis zur Waagerechten angehoben. 90°Winkel zwischen Arm und Oberkörper. Arme schließen abwechselnd vor dem Körper und gehen wieder nach außen.	Ca. 36 Sekunden	Gewicht wird dabei verlagert. Fließender Übergang in die nächste Übung
Mentale Vorbereitung, Körpererwärmung, Gelenkflüssigkeit bilden	Side to Side mit Arm heben/strecken	Gegrätschte Grundposition, dann tippt das Spielbein seitlich bei gegrätschten Beinen. Arme werden gehoben und nach vorne gestreckt.	Ca. 36 Sekunden	Gewicht wird dabei verlagert. Fließender Übergang in die nächste Übung im speziellen Warmup

Phase: spezielles Warmup (7 Minuten)

Ziel der Übung	Übungsbezeichnung/Name der Übung	Übungsbeschreibung	Belastungsgefüge	Bemerkungen/Hinweise
Mobilisation der gesamten WS	Spinal Wave	Ausgangsposition ist im Stand. Es wird versucht jeden einzelnen Wirbel anzusteuern und ihn zu bewegen. Es ergibt sich eine Art „Welle" des Oberkörpers (inklusive LWS/BWS/HWS) bei der Ausführung	Ca. 45 Sekunden	Dynamische Arbeitsweise, Übergang in die nächste spezielle Aufwärmübung

11

Mobilisation vorwiegend der BWS	Ellipsenmobilisation der WS	Ausgangsposition: Im Stand, Arme werden zu 90° abduziert und aktiv aus dem Schultergelenk hinausgestreckt. Handflächen zeigen zum Boden. Die Bewegung beginnt, indem man den Oberkörper soweit es geht nach rechts neigt (Lateralflexion), wieder in die Ausgangsposition zurückkehrt, dann das Brustbein aktiv aufrichtet und die Arme nach hinten nimmt (Extension), wieder in die Ausgangsposition zurückkehrt, den Oberkörper nach links neigt (Lateralflexion), wieder in die Ausgangsposition zurückkehrt. Als letzte Position rollt man sich ein (Flexion), nimmt die Arme nach vorne, richtet sich wieder auf und beginnt wieder mit der Lateralflexion nach rechts.	Ca. 40 Sekunden	Mit der Ausatmung kommt man in die jeweiligen Endpositionen. . Dynamische Arbeitsweise, Übergang in die nächste spezielle Aufwärmübung
Mobilisation der WS Rotation	WS Rotation	Hüfte bleibt fixiert. Der Oberkörper rotiert so weit es geht abwechselnd nach links und nach rechts. Die Arme sind zu 90° abduziert.	Ca. 40 Sekunden	Mit der Ausatmung kommt man in die jeweiligen Endpositionen. . Dynamische Arbeitsweise, Übergang in die nächste spezielle Aufwärmübung
HWS mobilisieren	HWS Rotation & Lateralflexion	Ausgangsposition im Stand. Man formt ein leichtes Doppelkinn und dreht den Kopf abwechselnd nach links und nach rechts, dann neigt man ihn nach links und nach rechts.	Ca. 40 Sekunden	Mit der Ausatmung kommt man in die jeweiligen Endpositionen. . Dynamische Arbeitsweise, Übergang in die nächste spezielle Aufwärmübung
Mobilisation der Sprunggelenke	Sprunggelenk mobilisieren	Füße werden auf die Zehenspitzen aufgestellt, dann setzt man sich auf die Ferse ab und neigt sich mit dem Oberkörper nach hinten um einen Zug in der Fußunterseite zu spüren. Danach wird die Fußrückseite flach auf den Boden abgelegt und wieder der Oberkörper nach hinten geneigt, die Arme abgestellt und die Knie etwas vom Boden angehoben, sodass man einen Zug in der Fußoberseite spürt.	Ca. 40 Sekunden	Jede Position wird 4 Sekunden gehalten und dann direkt in die nächste Position gewechselt. Mit der Ausatmung kommt man in die jeweiligen Endpositionen. . Dynamische Arbeitsweise, Übergang in die nächste spezielle Aufwärmübung

Ziel der Übung	Übungsbezeichnung/Name der Übung	Übungsbeschreibung	Belastungsgefüge	Bemerkungen/Hinweise
Mobilisation der Handgelenke	Handgelenk mobilisieren	Ausgangsposition ist im Stand. Unterarme werden auf 90° angewinkelt. Die Handfläche zeigt zur Decke. Dann beginnt die Hand immer in maximaler Bewegungsamplitude zu kreisen. Finger werden zusammengenommen und formen eine Spitze (diese zeigt zur Decke). Dann wird die Hand nach innen gedreht und kommt über die Außenseite und mit weit aufgefächerten Fingern wieder nach oben. Diesmal zeigt die Handfläche nach vorne. Die Hand wird wieder zurückgedreht und dabei schließen die Finger sich wieder und bilden eine Spitze zur Decke (Handfläche zeigt zu einem selbst)	Ca. 45 Sekunden pro Hand	Es wird intensiv ein- und ausgeatmet. . Dynamische Arbeitsweise, Übergang in die nächste spezielle Aufwärmübung
Mobilisation des Schultergelenks	Schulter mobilisieren mit Arm rotieren	Gestartet wird im Stand. Der Spielarm ist im Ellbogengelenk 90° angewinkelt. Jeder schraubt von seiner Trinkflasche den Deckel ab und legt ihn jeweils in die rechte oder linke Handfläche. Nun versucht man die Hand einmal um 360° zu drehen, ohne dass der Deckel herunterfällt. Dazu wird Pronation, Supination, sowie alle Bewegungsrichtungen der Schulter und Rotatorenmanschette beansprucht. Sobald der Arm die Bewegung raus hat, nimmt man den Oberkörper mit dazu und imitiert die Bewegungen des Armes mit.	Ca. 60 Sekunden pro Arm	Abwechselnd der linke und der rechte Arm. Handflächen bleiben während der gesamten Übung geöffnet. Es wird intensiv ein- und ausgeatmet. Dynamische Arbeitsweise, Übergang in die nächste spezielle Aufwärmübung

Phase: Hauptteil (28 Minuten)				
Ziel der Übung	Übungsbezeichnung/Name der Übung	Übungsbeschreibung	Belastungsgefüge	Bemerkungen/Hinweise
Hüftmobilität verbessern und gleichzeitig Kräftigung	Hüftmobilität im sitzen	Gestartet wird im Schneidersitz, dann wird ein Bein angewinkelt so weit nach hinten abgelegt. Das andere Bein streckt nach vorne und wird so weit es geht angehoben. Dann geht es zurück in den Schneidersitz und die Beinpositionen werden jeweils gewechselt.	1 Satz von 120 Sekunden	Endposition mit gestrecktem Bein 2 Sekunden halten. Sonst dynamische Arbeitsweise
Verbesserung der Propriozeption der Fußmuskulatur und der Muskuatur rund um das Sprunggelenk	Einbeinstand auf der Matte (Augen zu)	Wie der Name der Übung schon sagt, wird sich auf ein Bein gestellt. Dieses ist leicht gebeugt und es wird aktiv die Großzehe auf den Boden und das Knie nach außen gedrückt. Das andere Bein streckt nach Belieben weg.	Belastungsgefüge, bzw. Untergrund etc., sollte so gewählt werden, dass es nach	Die Matte wird entweder gefaltet, sodass der Untergrund noch wackliger wird, oder bleibt einlagig.

BWS mobilisieren und kräftigen während die LWS fixiert ist. Somit findet keine Ausweichbewegung in der LWS statt.	In der Hocke BWS mobilisieren/kräftigen in der Rotation	In der Hocke, sprich, 180° Kniebeugung (Füße sind flach auf dem Boden), wird der Oberkörper soweit es geht gebeugt. Dann beginnt der rechte Arm angewinkelt nach rechts Richtung Decke zu strecken. Der Blick geht dabei mit und der Arm wird zur Erreichung der Endposition ausgestreckt. Der linke Arm greift am Sprunggelenk des rechten Beines und stabili-siert den Körper in dieser Position.	45 Sekunden gut warm rund um das Sprunggelenk wird. Pro Bein 3 Sätze. 10 Wiederholungen pro Seite, wobei erst die eine Seite dann die andere abge-schlossen wird. Die zehnte Wiederholung wird jeweils in der Endposition statisch gehalten, bzw. mit der Ausatmung versucht man noch etwas weiter in die Rotation zu kommmen.	Um es schwerer zu machen, kann man versuchen den Oberkörper Wirbel für Wirbel einzurollen Beidseitig. Falls man nach hinten fallen sollte, weil die Beweglichkeit vorallem in Sprunggelenk und Wirbelsäule noch nicht so da ist, kann man die Matte ein oder zwei mal falten, sodass der Untergrund schräger wird. Sprich Ferse auf der Matte und Fußspitzen sind auf dem Boden. Dynamische Arbeitsweise (Rotation)
Kräftigung des unteren Tra-pezmuskels. Auch hier wieder LWS fixiert sodass so gut wie allein der BWS Bereich arbeiten muss.	In der Hocke den unteren Anteil des m. Trapezius kräftigen. (lower traps)	Ausgangsposition ist die Hocke. Arme sind V-förmig neben den Ohren ausgestreckt und der Oberkörper ist soweit es geht gebeugt. Dann wird der Oberkörper soweit es geht aufgerichtet. Arme bleiben V-förmig ausgestreckt und auf Höhe der Ohren.	3x 45 Sekunden	Auch hier kann man die Matte falten, sodass der Untergrund schräge wird. (siehe Übung „ In der Hocke BWS mobilisiern/kräftigen") Dynamische Arbeitsweise Wenn die Belastung zu gering ist, können Hanteln in die Hände genommen werden.
unteren Rücken, Gesäß und Ober-schenkelrückseite kräftigen	unteren Rücken, Gesäß und Ober-schenkelrückseite kräftigen	Ausgangsposition in Rückenlage. Ein Bein wird aufgestellt. Das andere abgehoben und gestreckt. Indem man das Gesäß soweit wie möglich Rich-tung Decke bringt, gelangt man in die Endposition.	3x1 Minute pro Bein	Zusatzgewicht in Form der Hantel kann hier in den Bereich des Pelvis gelegt werden. Dynamische Ar-beitsweise, wobei in der Endpositi-on 1 Se-kunde gehalten wird.
Seitliche Bauchmuskulatur	Seitl. Bauchmuskulatur	Ein Bein ist angewinkelt und das Knie aufgestellt, das andere Bein ist seit-	Eine Seite wird abge-	-Beidseitig

14

kräftigen	kräftigen indem ein Bein angewinkelt, das andere gestreckt ist, Oberkörper neigt zur Seite	lich ausgestreckt und steht auf dem Boden. Der Oberkörper ist gerade und die Arme sind über Kopf gestreckt. Die Endposition wird erreicht, wenn der Oberkörper auf die Seite von dem angewinkelten Bein soweit es geht geneigt wird.	schlossen. Belastung sollte so gewählt werden, dass 45 Sekunden machbar sind. 2x pro Seite	Die Matte wird entweder gefaltet, sodass der Untergrund noch wackliger wird, oder bleibt einlagig. -Zur Belastungssteigerung kann ein Gewicht in die Hände genommen werden. -aktive Bauchspannung des querverlaufenden Bauchmuskels.
Die Muskeln der Außenrotation kräftigen	Außenrotation vorgebeugt	Ausgangsposition ist im Stand. Die Beine sind leicht gebeugt. Der Oberkörper neigt nach vorne sodass sich 90° zwischen Bein und Oberkörper ergeben. Der Bauch wird aktiv angespannt. Die Oberarme werden seitlich an den Oberkörper gezogen und bleiben dort während der gesamten Übung. Die dynamische Bewegung findet nur in den Unterarmen(90° im Ellebogengelenk) statt, indem sie Richtung Bauchnabel drehen und seitlich und zurück Richtung Rücken.	3 Sätze je 60 Sekunden	Die Hände sind bei der Übung geöffnet um mehr in das „Öffnungsmuster" zu trainieren. Geschlossene Hände trainieren eher in ein Schließmuster. Die Übung wird mit "Crunshvariation" abgewechselt.
Kräftigung der geraden Bauchmuskulatur	Gerade Bauchmuskulatur (Crunshvariation)	Ausgangsposition ist liegend auf dem Boden. Die Arme zeigen Richtung Decke und haben jeweils ein Gewicht in der Hand. Die Bewegung beginnt indem man den Oberkörper abhebt und die Hanteln soweit Richtung Decke bringt, wie es einem möglich ist. Dann senkt sich der Oberkörper wieder, doch die Schulterblätter bleiben in der Luft.	2 Sekunden je exzentrischer und konzentrischer Belastung, sowie am höchsten Punkt in der Bewegung wird die Position für 2 Sekunden gehalten.	Die Beine können je nach Fitnesslevel abgestellt oder gestreckt Richtung Decke sein.
Kräftigung der Griffkraft	Hängen mit aktiver Schul-	Jeder Teilnehmer greift die Ringe und lässt sich erstmal hängen. (Beine sind		Zusatzgewicht in Form der Hantel

Ziel der Übung	Übungsbezeichnung/Name der Übung	Übungsbeschreibung	Belastungsgefüge	Bemerkungen/Hinweise
sowie der Schulterblattdepression bringenden Muskeln. Auch wird hier ein Zug auf die WS gebracht, wodurch die Bandscheiben auch einen „Zug" erfahren.	terblattdepression	vom Boden weg) Hände umschließen fest im Obergriff die Ringe. Die Armposition ist schulterbreit und die Arme sind durchgestreckt. Endposition ist, in dem man die Schulterblätter soweit es geht nach hinten unten zieht.	Die Übungsdauer beträgt 3 Minuten. In dieser Zeit soll solange wie möglich gehangen werden. Schulterblätter werden nach unten gezogen und dort 5 Sekunden gehalten. Dann entspannt man diese wieder und lässt sich wieder hängen. Nach 3 Sekunden werden sie wieder für 5 Sekunden nach unten gezogen.	kann hier in den Bereich des Pelvis gelegt werden. Dynamische Arbeitsweise, wobei in der Endposition 1 Se-kunde gehalten wird.
Zur Kräftigung der musculi multifidi	„Hakka" zur Kräftigung der musculi multifidi	Ausgangsposition ist im Stand. Die Oberarme sind eng am Körper. Die Unterarme sind im 90° Winkel gebeugt und die Handflächen zeigen nach innen. Die Bewegung erfolgt dynamisch indem man mit den Händen so schnell es geht ein paar Zentimeter nach unten und oben „hackt". Die Bewegung kommt aus dem Unterarm.	5 mal 30 Sekunden	Abgebremst wird der Schwung der dabei entsteht von den musculi multifidi

Phase: Schlussteil Cooldown (ca. 6 Minuten)				
Ziel der Übung	Übungsbezeichnung/Name der Übung	Übungsbeschreibung	Belastungsgefüge	Bemerkungen/Hinweise
Einen Innenrotator entspannen	Dehnung des m. Latissimus dorsi (stehend vorgebeugt)	Die Ringe werden im Untergriff gefasst, der Bauch angespannt und der untere Rücken rund gemacht. Latissimus Dehnung links, indem die rechte Bauchmuskulatur angespannt wird und die Hüfte nach links aufgedreht wird.	Jeweils 2 mal 20 Sekunden dehnen und mit der Ausatmung	- Beidseitig

16

		Endposition ist die aufgedrehte Hüfte und der Blick unter dem linken Arm durch.	immer ein Stück weiter in die Dehnung rein.	- Bauch angespannt lassen! D.h. keine tiefe Einatmung aber eine lange Ausatmung
Einen Innenrotator entspannen	Dehnung Brust liegend	Ausgangsposition ist liegend auf dem Rücken, die Beine sind angewinkelt und abgestellt. Rechter Arm wird schräg nach oben abgelegt. Bauch wird fest angespannt und auf den Boden gedrückt. Mit der Ausatmung werden die angewinkelten Beine nach Stück für Stück zur linken Seite gesenkt.	Jeweils 2 mal 20 Sekunden dehnen und mit der Ausatmung immer ein Stück weiter in die Dehnung rein.	-Beidseitig -Brustkorb versuchen nicht anzuheben bei der Einatmung.
Öffnung der ventralen Kette	Dehnung gerader Bauch an den Ringen	Ringe werden ca. auf Brusthöhe runtergeschraubt. Es wird im Obergriff gegriffen und die Beine nach hinten ausgestreckt und die Füße auf den Boden abgesetzt.	2 Sätze a 20 Sekunden	Mit der Ausatmung wird versucht die Füße weiter nach hinten abzusetzen und noch mehr aus der Schulter rauszulösen.
Entspannung des Rückenstreckers, sowie der gesamten dorsalen Kette	Dehnung Rückenstrecker in de Rückwärtsrollenposition	Ausgangsposition: Liegend auf dem Rücken. Dann rollt man sich ein und setzt die Füße hinter sich seitlich vom Kopf wieder auf.	2 Sätze a 20 Sekunden	Mit der Ausatmung wird der Bauch nochmehr gebeugt und angespannt um den Rückenstrecker in die volle Länge zu bringen.
Dehnung der seitlichen Bauchmuskulatur sowie Öffnung der lateralen Kette	Dehnung seitl. Bauchmuskulatur (stehend)	Ausgangsposition ist im Stand. Das eine Bein wird über das Standbein gelegt und der Arm gestreckt auf die andere Seite gebracht.	Jeweils 2 mal 20 Sekunden dehnen und mit der Ausatmung immer ein Stück weiter in die Dehnung rein.	-Beidseitig
Nocheinmal Dehnung der ventralen Kette	Skorpion	Die Ausangsposition ist in Bauchlage. Die Arme sind seitlich ausgestreckt und die Hände liegen flach auf dem Boden. Das Schlüsselbein bleibt die ganze Zeit auf dem Boden. Die Bewegung beginnt, indem man den linken Fuß soweit es geht Richtung rechte Hand bringt.		-Beidseitig

17

4.4 Begründung

Vorab: Das Material wurde im speziellen Warmup nicht verwendet, da es einfach nicht reingepasst hat.

Die festgelegte Reihenfolge der Übungen im Hauptteil wird maßgeblich beeinflusst durch die Teilnehmer des Kurses. Da diese recht fortgeschritten sind, was die Wahrnehmung und Ansteuerung einzelner Muskeln angeht, wurde hier nicht genau auf die didaktisch-methodischen Grundsätze wie „vom Einfachen zum Komplexen" sowie „vom Leichten zum Schweren", geachtet. Der Grundsatz vom Bekannten zum Unbekannten wurde hier allerdings berücksichtigt. Auch wurden Übungen, nachdem eine andere Übung einfügt wurde, wiederholt. Grund hierfür ist, die Teilnehmer aus den linearen Belastungen und Mustern herauszuholen, sodass vorallem auch das Nervensystem wieder neue Reize gesetzt bekommt und Bewegungen lernen muss, die es so vielleicht nicht kennt (Beispiel hier z.B. Übung 1).

Ziele der Wirbelsäulengymnastik sind Vorbeugung von Rückenbeschwerden, Haltungsschwächen, Bandscheibenschäden und sonstige Erkrankungen des Bewegungs- und Stützapparats. Verbesserung der Körperwahrnehmung, Ausgleich von muskulären Disbalancen aber auch besonders die Kräftigung der rumpfstabilisierenden Muskulatur stand hier im Hauptteil im Vordergrund. Da die Intensität, der Umfang etc. sehr hoch sind wurde davon abgesehen, eine Muskelgruppe nach der anderen zu beanspruchen, sondern „etwas durchgemischt".

Es findet im Cool Down mit den Stretch Übungen und der dazugehörigen intensiveren Befassung mit der Atmung, einen ruhigen Ausklang.

Literaturverzeichnis

Martin, D., Carl, K. & Lehnertz, K. (1993). *Handbuch Trainingslehre* (2. Aufl.). Schorn-
dorf: Hofmann.

Hollmann, W. & Hettinger, T. (1990). *Sportmedizin. Arbeits- und Trainingsgrundlagen* (3.,
durchges. Aufl.).Stuttgart: Schattdauer.

Abbildungsverzeichnis

Tabellenverzeichnis